지구를 지키는 멋진 밥상

탄소 발자국부터 동물권까지, 먹거리 속 환경 이야기

지구를 지키는 멋진 밥상

윤은주 글 | 홍윤이 그림

프롤로그

도전, 열두 달 채식 요리사!

엄마가 1년간 다른 나라로 출장을 갔다. 그래서 나는 지금 쏨 이모랑 산다. 이모는 엄마랑 20년 전 동네 이웃으로 처음 만나 둘도 없는 친구가 되었다고 한다. 엄마는 늘 자랑스럽게 이야기 한다.

'쏨은 한다면 하는 믿음직한 친구지!'

하지만 내가 보기에 쏨이모의 대단한 점은 고기와 생선, 유제품을 먹지 않는다는 것이다.

"이모는 왜 고기를 안 먹어? 맛이 없어?"

"음, 환경을 위해 뭘 할 수 있을까 생각해 보니, 내 밥상을 바꾸는 정도는 할 수 있겠더라."

"나는 고기를 안 먹는 인생은 상상도 안 돼."

쏨이모는 환경 단체에서 일하던 시절, 기후 문제에 대한 고민이 깊어지면서 자연스럽게 채식을 시작했다고 한다. 그리고 더 많은 사람들에게 채식 요리의 맛있는 세계를 알려 주고 싶어 2년 전부터 채식 전문 요리사로 일하게 되었다고.

그래서 나도 도전! 한 달에 한 번, 쏨이모에게 채식 요리를 배우기로 했다. 함께 장을 보고, 요리를 만든다. 단, 식사 후 뒷정리는 내 몫이다.

'요리사의 진정한 공력은 설거지와 뒷정리에서 나오는 거야.'

어쩐지 이모가 나에게 설거지를 시키려고 지어낸 말 같지만, 뭐, 좋다! 레슨비라고 생각하면!

아직 아무한테도 말한 적 없지만 사실 나는 요리사가 되는 게 꿈이니까. 쏨이모한테 잘 배워서 채소라면 질겁하는 편식쟁이 우리 엄마를 깜짝 놀라게 해 줘야지!

쫌이모의 요리조리 팁

요리를 시작하기 전에

이 정도는 갖추자!

1 **칼 :** 과도보다는 부엌칼이 하나쯤 있으면 좋아.

2 **도마 :** 요리하는 양이 많지 않다면 작은 도마 하나만 있어도 돼.

3 **작은 냄비**(1~2인용)와 **큰 냄비**(4인용 이상) 각각 하나씩.

Q 주로 1~2인분만 만들 건데? 큰 냄비가 꼭 있어야 해?

A 국수나 파스타는 물을 넉넉하게 넣고 팔팔 끓여야 탱탱하게 삶을 수 있어. 채소를 찌거나 데칠 때도 편해. 그러니 큰 냄비가 하나쯤은 있는 게 좋아.

4 **프라이팬 :** 프라이팬 안쪽 지름이 24센티미터쯤 되는 크기가 적당해.

5 **채반**

6 **볶음용 나무 주걱과 뒤집개 :** 볶음용 나무 주걱은 나무 숟가락으로, 뒤집개는 나무 주걱으로 대신할 수 있어.

계량 단위

- **큰술 :** 계량스푼 1큰술은 15밀리리터야. 계량스푼이 없

을 경우, 집에서 쓰는 어른용 밥숟가락을 써도 돼. 밥숟가락으로 듬뿍 뜨면 1큰술과 비슷한 용량이야.

- **작은술** : 1작은술은 5밀리리터야.
- **컵** : 레시피에서 말하는 1컵의 용량은 200밀리리터야. 종이컵 1컵 용량과 비슷해.
- **꼬집** : 엄지랑 검지로 집을 수 있는 양. 보통은 적은 양의 소금을 넣어야 할 때 쓰는 단위야. 소금 1꼬집은 대략 1그램이 조금 안 되는 양이지.

무엇보다 안전!

- 뜨거운 기름이 든 프라이팬에 물이 튀지 않게 조심!
- 칼을 쓰다가 잠시 내려놓을 땐 언제나 눈에 잘 띄는 평평한 곳에 두기!
- 끓고 있는 냄비 뚜껑을 열 땐 뜨거운 수증기에 손이나 얼굴을 데지 않게 조심하기!
- 손에 물기가 있으면 미끄러워서 조리 도구를 놓치기 쉬워. 중간중간 손의 물기 닦기!

TIP 이 책의 레시피에 써 있는 '1인분' '2인분'은 절대적인 기준이 아니야. 각자 양에 맞게 재료의 양을 조절해 봐. 양념 역시 취향에 맞게 조금씩 늘리거나 줄여 보자.

쏨이모의 요리조리 팁

여러 가지 칼질

칼질할 때는 재료를 잡은 손의 자세가 중요해. 오른손에 칼을 쥘 경우, 왼손은 손끝을 둥글게 오므려 재료를 잡고 손바닥 아래쪽은 도마에 붙여. 이렇게 하면 재료가 안정적으로 고정돼.

어슷썰기 : 길쭉한 재료를 한쪽으로 비스듬하게 썰어. 라면 끓일 때 넣는 대파처럼.

반달썰기 : 애호박처럼 긴 원통형 채소를 세로로 길게 반을 가른 뒤에 가로로 원하는 두께로 썰어.

채썰기 : 재료를 가늘고 길쭉하게 써는 거야. 채썰기를 하려면 먼저 재료를 얇고 납작하게 썰어야 하는데, 얇고 납작하게 써는 건 '편썰기'라고 하지.

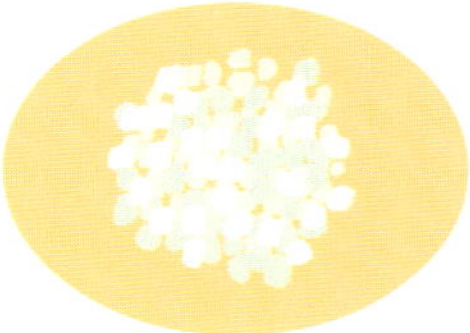

다지기 : 큰 재료를 채썰기해 작게 만든 뒤, 더욱 잘게 잘게 자르는 칼질이야. 재료 위에 칼날을 올리고 한 손으로 칼등을 살짝 눌러서 지지하면서, 다른 손으로 손잡이 쪽만 위아래로 움직여 썰어.

깍둑썰기 : 말 그대로 깍두기 모양으로 써는 법이지. 먼저 재료를 막대 모양으로 썰고, 방향을 돌려 다시 일정한 두께로 썰어.

차례

오늘은 기후식단!

3월

내가 먹는 음식의 탄소 발자국

우리 학교는 한 달에 두 번 채식 급식을 하는데, 그날마다 잔반통이 꽉 찬다. 애들이 음식을 평소보다 많이 남기기 때문이다. 그래서인지 담임 선생님이 이런 숙제를 내 주셨다.

밥상 위의 탄소 발자국 조사하기!

나랑 짝꿍 연우는 거의 동시에 눈빛을 주고받았다.

'걱정 없지. 우리에게는 쏨이모가 있으니까!'라고.

선우, 연우 쏨이모! 숙제 도와줘!

쏨이모 뭔데?

선우 우리가 먹는 음식의 탄소 발자국 조사하기!

쏨이모 후후, 좋아. 내가 너희를 탄소 발자국 박사로 만들어 주지.

선우 아니야, 박사까지는 필요 없어.

연우 밥상 위에 발자국이 있다고 생각하면 기분이 별로예요.

쏨이모 재미있는 생각인데? 그럼 탄소 발자국이 뭔지부터 알아볼까? 탄소 발자국은 우리가 어떤 일을 할 때 만들어지는 온실가스 양을 숫자로 나타낸 거야.

탄소 발자국은 우리가 남긴 온실가스 발자국

아! 온실가스라면 나도 좀 안다. 온실가스가 많이 발생할수록 지구는 점점 뜨거워진다.

쏨이모 차로 이동할 때도, 드라이어로 머리를 말릴 때도, 공장에서 기계를 돌려 물건을 만들 때도, 음료수를 마시고 버린 페트병을 재활용 원료로 재생시킬 때도 온실가스가 발생해.

선우 설마 휴대폰을 쓸 때도?

쏨이모 물론이지. 휴대폰을 충전할 때도, 휴대폰으로 정보를 검색할 때도 다 에너지가 필요하니까.

연우 우리는 온실가스를 만들지 않고 살 수 없는 건가?

쏨이모 과학 시간에도 곧 배우게 될걸? 우리는 숨만 쉬어도 이산화 탄소를 배출해!

과학 만화에서 본 적이 있다. 인간과 동물은 들숨으로 산소를 마시고, 날숨으로 이산화 탄소를 뱉는다. 아, 탄소 발자국을 따지는 일이 갑자기 피곤하게 느껴졌다.

한 끼 밥상 탄소 계산기

한 끼만 더 채식이 필요한 이유

이모는 인터넷 창을 하나 띄우더니 우리에게 보여 주었다. '한 끼 밥상 탄소 계산기'라는 인터넷 페이지였다.

쏨이모 **그럼 이제 본격적으로 숙제를 해 볼까? 예를 들어 우리가 자주 먹는 비빔밥의 탄소 발자국은 얼마나 될까?**

이모가 탄소 계산기 밥상 메뉴 중 산채 비빔밥을 고르자 0.7킬로그램이라는 수치가, 불고기 비빔밥을 고르자 1.4킬로그램이라는 수치가 떴다.

연우 **둘 다 비빔밥인데 불고기 비빔밥 탄소 발자국은 산채 비빔밥 탄소 발자국의 두 배네요?**

쏨이모 **그래. 차이가 느껴지지? 소 한 마리를 키우는 데는 대략 곡물 1.3톤과 풀 7.2톤이 필요하다고 해. 거기다 소가 방귀를 뀌거나 트림을 할 때 배출되는 메탄가스도 엄청나다지. 만약 수입 소고기를 재료로 쓴다면 탄소 발자국은 더 커져. 비**

행기나 배로 운송하는 과정에서 탄소 발자국이 늘기 때문이야. 이제 감이 오지? 음식의 재료에 따라 왜 탄소 발자국 수가 다르게 찍히는지.

소나무를 심는 마음으로

모든 음식은 어떻게 생산하고, 유통하고, 조리하는지, 또 남은 것을 어떻게 처리하는지에 따라 배출되는 탄소 양이 달라진다.

그러니까 일주일에 한 끼라도 채식을 한다면 탄소 배출을 줄이는 데 꽤 도움이 된다. 어느 정도로? 한 사람이 1년 동안 일주일에 한 끼를 채식으로 먹는다면 30년 된 소나무 15그루를 심는 것만큼이나 탄소 절감 효과가 있다고 한다.

가만, 30년 된 소나무 1그루가 1년에 이산화 탄소를 6.6킬로그램 흡수한다고 하니까 계산해 보면……. 무려 99킬로그램의 온실가스를 줄일 수 있다.

일주일에 한 끼를 다르게 먹는 것만으로도 환경에 도움이 된다니 앞으로는 채식하는 마음이 조금은 보람찰 것 같다.

3월의 요리

딸기 찹쌀떡과 딸기 라떼

'탄소 다이어트' 제1원칙은, 제철에 나온 우리 지역 농산물을 쓰는 거야. 그럼 지금부터 제철 딸기로 상큼 달큼 디저트 만들기에 도전해 보자!

딸기 찹쌀떡

재료(2인분)

찹쌀가루 1컵
설탕 1큰술
소금 $\frac{1}{2}$작은술
뜨거운 물 1컵
딸기 10알
시판 팥앙금 1컵
전분 1~2큰술

1 준비한 찹쌀가루, 설탕, 소금을 한데 담은 그릇에 뜨거운 물 1컵을 넣고 잘 섞어. 그릇에 랩을 씌운 뒤 전자레인지에서 1분간 가열해.

2 가열한 반죽을 주걱으로 잘 섞은 다음, 다시 전자레인지에서 1분간 가열해. 이 과정을 2~4회 반복해야 찰진 반죽이 완성돼.

3 반죽이 식는 동안 딸기를 깨끗이 씻어 꼭지를 따고, 물기를 닦아. 그런 다음 팥앙금으로 딸기를 감싸.
딸기 전체를 다 감쌀 필요는 없어.

4 이제 반죽이 식어서 손으로 만질 수 있겠지? 손에 전분을 충분히 묻혀. **2**의 반죽을 떼어서 앙금 옷 입은 딸기를 잘 감싸. 이번에는 내용물 전체를 다 감싸야 해.

5 잘 빚은 찹쌀떡에 전분을 살살 뿌려서 냉장고에 30분 정도 넣어 둬. 그래야 모양이 흐트러지지 않아.

딸기 라떼

재료(1인분)

두유 1컵

딸기청 2큰술

딸기청 레시피는
63쪽에

1 투명한 유리컵에 딸기청 2큰술을 담아. 딸기청이 없다면 딸기잼으로 대신해도 괜찮고.

2 두유를 쪼르르 부어. 마지막으로 딸기를 예쁘게 썰어서 장식으로 올려도 좋아. 완성!

4월

못생긴 채소를 먹는 게 왜 친환경이지?

쏨이모는 한 달에 두 번 농장에서 채소 꾸러미를 배송받는다. 꾸러미 상자에는 '윤하네 못난이 채소'라고 떡하니 써 있다. 과연 꾸러미 속 채소들은 마트에서 파는 채소와 달리 크기도 빛깔도 제각각, 모양도 둘쭉날쭉이다.

나는 항상 궁금했다.

'이모는 왜 못난이 채소를 사 먹지?'

지난 주말에 바로 그 미스터리가 풀렸다. 이모랑 함께 문제의 농장에 다녀왔기 때문이다. 알고 보니 '윤하'는 농장 주인의 딸이었다. 그 애는 조금 젠체하는 편이다. 그래도 윤하랑 하루 동안 함께 농장을 돌아다녔더니 덕분에 꽤 많은 걸 알게 되었다.

다르게 생긴 게 어때서?

윤하와 내가 청경채 밭을 지날 때였다. 유난히 잎이 크고 넓은 청경채가 눈에 들어왔다. 내가 애벌레라면 그 밭에서 가장 탐나는 집이자 밥이 바로 그 청경채였을 거다.

선우 와! 이 청경채는 이파리가 진짜 크네. 이런 건 더 잘 팔리겠다!

윤하 아니, 이렇게 큰 청경채는 마트에 못 팔아.

선우 왜?

윤하 마트에서는 딱 원하는 크기랑 모양이 있거든. 벌레 먹은 자국이 있어도 안 되고. 마트에 팔지 못한 농작물은 그냥 버리는 경우도 많아.

선우 뭐? 조금 못생겼다고 버려? 너무하네.

윤하 못생겼다는 말 대신 자유롭게 생겼다고 해 줄래?

헉, 13억 톤짜리 비밀

윤하가 쏘아붙이듯 말을 해서 퍽 얄밉다는 생각도 들긴 했다. 하지만 '자유롭게 생겼다'니, 그건 꽤 마음에 드는 표현이었다.

그러고 보니 사람도 다 다르게 생겼는데 농작물이라고 다 똑같이 자랄 수 있을까? 공장에서 기계로 찍어 내는 상품이 아니니까. 농작물은 날씨나 병균, 해충 등 주변 상황에 따라 영향을 받기도 할 거다. 내가 농부라면 얼마나 속상할까? 정성껏 키운 농작물을 그냥 좀 다르게 생겼다고 버려야 한다면?

윤하 버려지는 농작물 양이 어마어마해. 우리나라 채소와 과일의 20~30퍼센트는 마트에 가기 전에 걸러진대. 전 세계로 치면 1년에 13억 톤이고.

선우 13억 톤? 말도 안 돼! 너는 어떻게 그런 걸 다 알아?

윤하 이게 무슨 비밀 이야기인 줄 아니? 책에나 기사에나 수도 없이 나오지만 다들 관심이 없을 뿐이지. 아직도 지구 저편에서는 우리 같은 어린이들이 기아로 죽어 가는데…….

선우 너, 아는 거 되게 많다. 그리고 의외로 마음이 따뜻하네?

윤하 뭐? 의…… 의외로?

윤하가 웃어야 할지 말아야 할지 고민하듯 입가를 삐죽거렸다. 지금도 그 표정을 떠올리면 나도 모르게 빙그레 웃음이 난다.

4월의 요리

파릇 노릇
청경채 두부 샐러드

보통 샐러드 하면 익히지 않은 생채소가 떠오르지? 오늘은 '못난이 꾸러미'로 따뜻한 샐러드를 만들 거야. 입속부터 마음까지 포근해지게. 단백질이 풍부한 채식 식단의 단골 주역, 두부의 매력도 함께 느껴 보자.

채소 구이

재료(2인분)

청경채 2포기
식용유 2큰술
파프리카 $\frac{1}{2}$개
양파 $\frac{1}{2}$개
당근 $\frac{1}{3}$개
소금 1~2꼬집
후추 1꼬집

1 청경채를 씻어 물기를 뺀 뒤, 세로로 가운데를 갈라.

2 약불에 프라이팬을 올려. 식용유 2큰술을 두르고 달군 뒤, 청경채 자른 면이 바닥으로 가게 놓고 갈색이 날 때까지 굽다가, 뒤집어서 푸른 잎의 숨이 죽을 때까지 더 구워.

3 파프리카와 양파, 당근 등 냉장고 속 자투리 채소도 길쭉하게 채썰기해서 같이 구워. 새송이버섯을 추가해도 괜찮겠는걸?

채소는 살짝 찌거나 구우면 맛도 좋고 소화도 잘돼.

4 노릇하게 구운 채소 위에 소금을 1~2꼬집 뿌리고 후추도 톡톡.

샐러드는 소금을 뜻하는 라틴어 '살라트'에서 나온 말이야. 채소에 소금 간을 해 먹던 고대 로마인의 삶이 묻어나는 말이지.

두부구이

재료(2인분)

두부 $\frac{1}{2}$모

소금 1꼬집

전분 2큰술

식용유 2큰술

달콤 간장 소스 3큰술

또는 참깨 소스 3큰술

소스 레시피는 36~37쪽에

1 두부에 소금을 1꼬집 뿌리고, 채반에 올려 물기를 빼.

두부를 전자레인지 용기에 담아 1~2분 가열하면 물기가 빨리 빠져. 그릇 꺼낼 때 뜨거우니까 조심!

2 두부를 깍둑썰기한 뒤 전분을 골고루 묻혀. 전분이 너무 많이 묻은 부분은 살살 털어 내.

3 중불에 프라이팬을 올려. 식용유 2큰술을 두르고 두부를 노릇하게 구워.

4 구운 두부를 큰 접시에 옮겨 담고 그 위에 준비한 소스를 골고루 뿌려.

5월

꿀벌이 사라지면 인류가 위험해진다고?

나는 곤충이 무섭다. 그것도 아주아주 많이.

곤충이 살갗에 붙는 상상만 해도 팔뚝에 소름이 쫙. 그중에서 제일 무서운 건 누가 뭐래도 벌이다. 날카로운 침으로 나를 콱 찌를 것 같아서 멀리서 붕붕 소리만 들려도 꽥 비명이 터진다.

그런데 쏨이모랑 텃밭 일을 하다 보니 곤충과 마주치는 건 일상이 되었다. 특히 꽃이 피면서 수많은 벌이 텃밭에 쉴 새 없이 출몰했다!

나는 공포에 떨며 버둥거리다가 외쳤다.

선우　　　으아! 세상에서 벌이 제일 싫어! 제발 우리 밭에 오지 마!

쏨이모　　앗! 선우야, 그건 곤란해. 벌이 안 오면 올해 완두콩 농사를 망친다고!

선우　　　그치만 너무 무서운걸.

쏨이모　　(토닥토닥 선우 등을 두드려 주며) 우리 밭에 오는 벌은 꿀벌이야. 웬만해서는 사람을 먼저 공격하지 않는다고.

쏨이모는 조곤조곤 이야기를 들려주었다. 벌이라는 생명체의 어마어마한 영향력에 대해, 또 작은 텃밭의 완두콩 농사뿐 아니라 전 지구의 운명을 가를 거대한 위기에 대해.

지구의 농부, 벌

2008년에 국제 환경 단체 '어스워치(Earth watch)'에서 공개 토론회를 개최했다.

박쥐, 플랑크톤, 영장류, 균류, 벌.
이 가운데 지구상에서 절대로 사라져서는 안 될 단 한 종은?

저명한 과학자 다섯 사람이 각각 한 종씩 맡아 그 중요성을 주장하고 청중의 투표를 기다렸다. 대망의 1위는, 두구두구…… 바로 벌!

벌은 꽃에서 꿀을 얻을 때 수술의 꽃가루를 암술머리로 옮겨 식물의 번식을 돕는다. 그래서 지구의 농부로 불린다.

유엔식량농업기구(FAO)에 따르면 세계 식량 90퍼센트를 차지하는 농작물 100종 가운데 대다수가 벌의 도움을 받아 생산된다. 벌이 없으면 쏨이모가 좋아하는 완두콩도, 내가 좋아하는 블루베리, 수박, 참외, 딸기도 먹을 수가 없는 거다.

꿀벌 실종! 범인은 누구?

문제는 세계 곳곳에서 꿀벌의 수가 빠르게 줄고 있다는 점이다. 우리나라만 해도 2021년에 80억 마리, 2022년에는 100억 마리, 2024년에는 200억 마리가 넘는 꿀벌이 사라졌다. 이런 속도라면 앞으로 점점 더 꿀벌을 보기가 힘들어질 거라는데…….

대체 무슨 일이 벌어지고 있는 거지? 꿀벌의 수가 줄어드는 원인은 여러 가지라고 한다. 서식지 숲이 파괴된 것, 농약을 너무 많이 쓰고 있는 것, 환경 오염과 기후 변화로 벌의 생존에 꼭 필요한 식물 자체가 줄어든 것 등.

나는 으스스한 생각이 들었다. 혹시 꿀벌 실종 사건은 인간을 향한 꿀벌의 경고가 아닐까?

"인간이여, 더 늦기 전에 정신을 차려라!"

지구 생태계가 위험해!

선우　만약 꿀벌이 멸종하면 어떻게 해야 돼?

쏨이모　야생 벌과 나비, 파리, 모기, 박쥐처럼 꽃가루를 옮기는 다른 곤충과 동물이 있기는 해. 그래도 꿀벌 없이 지구 생태계를 유지하기는 쉽지 않을 거래. 그때는 사람이 붓을 들고 꽃 한 송이 한 송이마다 인공 수정해 주어야 할지도 모르지.

선우　엥? 뭐라고?

나는 그 우스꽝스러운 모습을 상상하며 웃음이 터질 뻔했다. 하지만 이모의 심각한 표정에 웃음이 쏙 들어갔다.

쏨이모　꿀벌이 사라지면, 그다음에는 식물들이, 그다음에는 초식동물들이, 그다음에는 육식동물들이 위태로워질 거야.

선우　아…… 혹시 우리도?

쏨이모　물론이지. 식량난과 영양실조를 겪게 될 테니까.

이제야 알았다. 꿀벌이 지구를 지키는 농부로 불리는 이유를. 우리가 아는, 우리가 사는 지구는 꿀벌 없이는 존재하기 어렵다는 사실을.

갑자기 그 작고 보송보송한 생명체가 귀한 손님처럼 느껴졌다. 아니지, 어쩌면 나야말로 벌의 텃밭에 놀러 온 손님일지도 모르겠다. 벌아, 함부로 말해서 미안해. 아직도 좀 무섭지만 앞으로도 자주 얼굴 보자.

5월의 요리

봄날의 기쁨, 완두콩 수프

쏨이모표 완두콩 수프는 어찌나 맛있는지 내가 가장 좋아하는 음식 세 손가락 안에 든다. 빛깔은 또 얼마나 고운지! 꿀벌과 함께 기른 완두콩, 앞으로도 오래오래 먹고 싶다. 우리가 더 잘할 수 있겠지?

완두콩 수프

재료(2인분)

감자 $\frac{1}{2}$개
완두콩 1컵
양파 $\frac{1}{4}$개
물 $2\frac{1}{2}$컵
두유 1컵
올리브유 2큰술
소금 1작은술
후추 1꼬집
야채 스톡 1알 선택*
통밀 식빵 1장

1 감자와 양파를 손가락 굵기로 뭉텅뭉텅하게 썰어.

2 썰어 둔 감자를 냄비에 넣고 물 $\frac{1}{2}$컵을 부어. 약불에 냄비를 올리고 10분쯤 삶아.

전자레인지에 넣고 5분 정도 익혀도 돼.

3 중불에 프라이팬을 올리고 올리브유 2큰술을 둘러. 프라이팬에 **1**의 양파를 볶다가 살짝 갈색이 돌면 삶은 감자와 완두콩을 넣고 더 볶아.

4 냄비에 **3**의 재료를 담고 물을 2컵 부은 뒤, 완두콩이 익을 때까지 끓여.

장식용으로 쓸 완두콩을 몇 알 챙겨 두자!

야채 스톡을 1알(또는 $\frac{1}{2}$알) 넣으면 더 깊은 맛이 나.

5 **4**를 뜨거운 기운이 가시게 한 김 식혔다가 블렌더로 곱게 갈아.

6 **5**를 다시 냄비로 옮겨 두유를 넣어 농도를 맞추고 한 번 더 끓여. 후루룩 끓어오르면 불을 끄고 입맛에 맞게 소금과 후추로 간을 해. 나는 완두콩 그대로의 맛을 좋아하니까 소금 1작은술, 후추 1꼬집만 넣을 거야.

7 이제 수프 위에 얹을 빵을 준비할 차례야. 식빵을 토스터나 에어프라이어, 또는 기름을 두르지 않은 프라이팬에 올려 바삭하게 구워.

8 잘 구운 식빵을 작게 잘라 수프 위에 올리면 완성!

몸 특집

맛의 탐험가를 위한 소스 레시피

맛있는 소스는 요리에 날개를 달아 준단다. 다음 레시피를 응용해 너만의 소스를 만들어 봐!

TIP 완성하면 $\frac{1}{2}$~1컵 분량이 나오는 레시피야. 필요에 따라 비율을 맞추어 양을 조절하렴.

달콤 간장 소스는 구운 채소나 버섯 샐러드에 뿌려 먹기 딱 좋아.

양조간장 2큰술, 올리고당 1큰술, 다진 양파 1큰술, 후추 조금, 올리브유 2큰술(또는 참기름)을 섞어.

쯔유는 채소 튀김, 데리야키 소스는 감자떡에 찍어 먹어.

다시마(5cm²) 1장, 표고버섯 2개, 대파 $\frac{1}{2}$줄기, 양조간장 $\frac{1}{2}$컵, 물 1컵, 미림 $\frac{1}{4}$컵, 설탕 2큰술을 다 함께 약불로 10분 끓이면 쯔유(1$\frac{1}{2}$컵), 쯔유의 양이 반으로 졸 때까지 끓이면 데리야키 소스야.

달콤 머스터드 소스는 튀김과 샐러드에 곁들이기 좋지.

머스터드 2큰술, 올리고당 1큰술, 비건 마요네즈 2큰술을 섞고, 후추를 한 번 톡 뿌려.

매콤 달콤 소스는 떡꼬치뿐 아니라 튀긴 두부에 얹어도 참 맛나.

고추장 1큰술, 올리고당 1큰술, 간장 1큰술, 케첩 1큰술, 참기름 1작은술, 물 1큰술을 한데 담아 섞고 냄비에 중불로 보글보글 1분쯤 끓여.

매콤 새콤 초장은 아삭하게 데친 브로콜리를 찍어 먹으면 최고지!

고추장 2큰술, 올리고당 1큰술, 설탕 1큰술, 식초 1½큰술을 섞고 다진 마늘 ½작은술을 더해 다시 섞어.

핫 마요 소스는 튀김 찍어 먹는 소스로 딱이야.

비건 마요네즈(또는 두유 마요네즈) 3큰술, 올리고당 1큰술을 섞어. 여기에 입맛에 따라 핫소스(또는 스리라차 소스)를 더해.

참깨 소스는 채소찜을 찍어 먹거나, 샐러드에 뿌려 먹으면 참 고소해.

갈아 놓은 참깨 1큰술, 간장 2큰술, 물 2큰술, 식초 ½큰술, 참기름 1큰술, 올리고당 2큰술을 섞어. 여기에 다진 마늘 1작은술을 넣고 다시 섞어.

6월

물고기는 많으니까 괜찮겠지?

난 해산물을 좋아한다. 그래서 학교 급식에서 '고기 없는 날'을 시행한다고 했을 때도 별로 걱정하지 않았다. 고기 대신 생선이 반찬으로 나온다고 했기 때문이다.

선우　　이모, 생선은 먹지?

쏨이모　　채식에는 여러 단계가 있는데, 나는 생선과 해산물도 먹지 않는 비건이야.

선우　　왜? 물고기는 소나 돼지, 닭처럼 좁은 축사에서 불쌍하게 사는 것도 아니잖아. 넓은 바다에서 자유롭게 살고, 알도 어마어마하게 많이 낳고. 우리가 좀 먹어도 될 거 같은데…….

쏨이모　아하, 수산업도 공장식 조업이 많거든. 나는 공장식 수산업에 반대하니까 해산물도 먹지 않는 거야.

이모는 대형 원양 어선들이 어떻게 물고기를 잡는지 이야기를 시작했다.

멸치를 잡는데 돌고래가 왜 죽어?

아주 오래전, 사람들은 작은 배를 타고 나가서 보자기만 한 그물로 물고기를 잡았다. 하지만 오늘날의 공장식 수산업은 그런 옛날 어업과는 하늘과 땅만큼이나 차이가 있다고 했다.

큰 배들은 대형 그물로 깊은 바다의 바닥까지 싹 긁어 고기를 잡는다. 이런 어선을 '저인망 어선', '트롤선'이라고 하는데, 트롤선 그물에는 원래 잡으려던 물고기뿐만 아니라 다른 물고기, 특히 그물을 피하지 못하는 덩치 큰 물고기들이 같이 딸려 올라온다고 했다. 심지어 돌고래까지도.

물론 그물에 잡힌 고래들은 다시 놓아 준다지만, 그 과정에서 많은 수가 목숨을 잃는다고 한다.

거기다 작은 해양 생물 역시 피해를 본다고 했다. 대형 그물은 해초나 바위, 산호초까지 망가뜨리기 때문에 그물이 지나간 길은 아무것도 살 수 없는 폐허가 된다는 것이다.

선우　　멸치를 잡는데 돌고래가 죽다니! 아니, 물론 멸치는 괜찮고 돌고래는 안 된다는 그런 말은 아니야. 모든 생명은 귀하니까. 그렇지만…….

쏨이모　　배에서 쓰고 버리는 어업 도구도 큰 문제야. 해양 활동으로 인한 쓰레기 양이 심각할 정도로 많거든. 해양 쓰레기 전체의 3분의 1 이상을 차지할 정도야.

바다가 회복할 시간

멸치쯤이야, 하는 와중에 돌고래까지 낚이고, 바다에 버려진 엄청난 해양 쓰레기로 바다 생태계는 더욱더 빠르게 망가지고 있었다. 나는 정말 아무것도 몰랐다. 속상해라.

이모가 옆구리를 쿡 찔렀다.

쏨이모　　인상 좀 펴.

선우　　이모, 나, 사실 바다는 너무너무 크고 깊으니까 좀 더러워져도 금방 회복할 줄 알았어.

쏨이모　　바다가 회복하려면 시간이 필요한데, 지금 우리는 허겁지겁 욕심을 채우느라 바다가 스스로 회복할 시간을 주지 않는 거야……. 어때? 그런 의미에서 바다도 푹 쉬게 오늘은 채식 식단에 도전해 볼까?

6월의 요리

고소한 감자떡과 시원한 토마토 수프

감자와 토마토, 둘 다 초여름의 제철 식재료야. 감자떡 '이모모찌'는 쏨이모의 일본 친구가, 토마토 수프 '가스파초'는 스페인 친구가 가르쳐 준 요리래. 지구 각지의 여름 맛 요리를 한 상에 내어 함께 즐겨 보자!

감자떡

재료(2인분)

감자 3개

물 3컵

소금 1작은술

전분 2큰술

식용유 1큰술

취향에 맞는 소스 3큰술

소스 레시피는
36~37쪽에

1 껍질을 벗긴 감자를 냄비에 담고 물을 붓자. 감자가 잠길 듯 말 듯 자박하게. 여기에 소금 3꼬집을 넣고 뚜껑을 닫은 뒤 센불에서 25~30분 정도 삶아.

2 감자가 폭 익으면 조심히 건져서 우묵한 그릇에 담고, 포크나 누르개로 곱게 으깨. 이때 전분 2큰술, 소금 $\frac{1}{2}$작은술을 넣고 잘 섞어.

3 감자 반죽을 동글납작하게 빚은 다음, 식용유 1큰술을 두른 프라이팬에 구워. 중약불에 겉면이 노릇노릇해질 때까지 구워야 더 맛있어.

4 취향에 따라 매콤 달콤 소스나 달콤 간장 소스를 감자떡 위에 발라 줘.

토마토 수프

재료(2인분)

토마토 2개
파프리카 $\frac{1}{4}$개
오이 $\frac{1}{4}$개
마늘 1알
양파 $\frac{1}{4}$개
식빵 1쪽
올리브유 2큰술
소금 $\frac{1}{2}$작은술

1 토마토와 파프리카, 오이, 마늘, 양파 그리고 식빵을 잘게 잘라.

2 블렌더에 **1**의 재료와 소금, 올리브유를 넣고 함께 갈아. 아, 준비한 소금은 한꺼번에 쏟지 말고 조금씩 넣으면서 네 입맛에 맞게 간을 보는 게 좋아.

시원하게 먹고 싶다면 얼음을 두세 개 넣고 함께 갈아.

3 곱게 간 수프를 그릇에 담아. 남은 채소가 있다면 잘게 다져서 장식으로 올려. 완성!

7월

특별한 날을 위한 특별한 요리

띠링, 문자가 왔다.

사랑하는 딸, 생일 축하해!
이모랑 맛있는 거 사 먹어!
이따 전화할게!

엄마가 외식을 하라며 용돈을 두둑이 부쳐 줬다. 오늘은 바로 내 생일. 생일에 엄마랑 떨어져 지내는 건 처음이다.

그나저나 맛있는 음식이라……. 뭐가 좋을까.

만약 예전의 나였다면 주저 없이 생일 케이크와 스테이크를 먹는 외식 코스를 골랐을 거다.

하지만 이번 생일에는 다른 선택을 하고 싶다.

얼마 전에 텔레비전에서 소가 '기후 악당'이라고 고발하는 뉴스를 봤기 때문이다. 그 이야기를 듣는데, 몇 년 전 엄마랑 목장 체험을 갔다 본 소가 떠올랐다. 커다란 눈망울 때문인지 큰 덩치에도 소심해 보였다. 내가 한 걸음 다가서면 소는 깜짝 놀라 뒷걸음질했다. 서운한 마음에 한 걸음 물러서면 소는 도리어 호기심을 느낀 듯이 두 걸음 다가왔다.

그런 순하디순한 소가 악당이라니, 대체 무슨 소리야, 하며 앉은 자리에서 뉴스에 귀를 기울였다.

> 지구의 허파로 불리는 아마존. 지난 20년 동안 이 이 열대 우림은 3분의 1 이상 파괴되었습니다. 그중 80퍼센트는 바로 소 목축과 관련이 있습니다. 브라질이 소를 키우기 위해 아마존에 불을 질러 땅을 개간했기 때문입니다.

뭐라고? 더 많은 소를 키우기 위해 아마존을 개간하고 있다고? 지구의 허파를 소고기 때문에 망쳐 버린 거야?

더 싸게, 더 자주 소고기를 먹으려는 우리

그러고 보니 마트에 가면 비싼 한우 코너가 따로 있고, 비교적 값싼 수입 소고기 코너가 따로 있다. 미국산, 호주산, 뉴질랜드산, 캐나다산, 그리고 브라질산까지. 세계 각지의 소고기가 내가 더 저렴하다며 눈길을 끈다. 이제야 이유를 알겠다.

사람들은 싼값에 더 자주 소고기를 먹고 싶어 한다. 그런 욕심을 채우려다 보니 목장을 만들기 위해 숲을 불사르고, 소의 사료로 쓸 옥수수를 심기 위해 숲을 벌목한다. 결국 아마존의 문제는 우리 모두에게 책임이 있는 게 아닐까?

뉴스에서는 이런 이야기도 나왔다.

> 축산업으로 발생하는 탄소 배출량은 어마어마합니다. 유엔식량농업기구는 지구 전체 온실가스 배출량의 14.5퍼센트가 축산업에서 발생한다고 발표했지요. 거기서 소가 차지하는 비중은 반이 넘고요.

소 한 마리가 하루에 내뿜는 방귀와 트림에 들어 있는 메탄가스 양이 자동차 한 대가 하루에 내뿜는 메탄가스 양과 비슷할 정도라고 했다. 오죽하면 소 방귀에 세금을 부과하는 나라들도 있다고. 하지만 설사 소가 '기후 악당'일지라도, '기후 악당의 최종 보스'는 인간인 셈이다. 소고기를 찾는 건 결국 인간이니까.

특별한 생일상

갈비, 스테이크, 케이크, 생크림으로 장식한 디저트들……. 특별한 날에는 소중한 사람들과 이런 특별한 음식을 나누고 싶어지는 게 당연하다. 다만 특별한 음식의 대명사 격인 메뉴들에는 놀

라운 공통점이 있었다. 바로 소고기나 우유로 만든 음식이라는 사실!

이런 생각이 도돌이표처럼 맴돌 때, 쏨이모가 주방 식탁에서 나를 불렀다. 무슨 일인가 해서 달려갔더니…….

"생일 축하해!"

식탁 위에 특별한 생일상이 차려져 있었다. 색색이 고운 싱싱한 채소와 과일로 차린 월남쌈이었다.

이모가 한쪽 눈을 찡긋하며, 월남쌈은 적은 노력만으로도 상다리가 휘어지게 상을 차릴 수 있는 비장의 파티 메뉴라며 내 손에 젓가락을 쥐여 줬다.

너무 예쁜 밥상을 보고 나도 모르게 눈물이 핑 돌았다.

7월의 요리

색색이 고운 월남쌈

고기가 없어서 아쉽다는 생각이 전혀 들지 않는 월남쌈! 특별한 날에 도전해 보자.

월남쌈

재료(2인분)

물 1리터

라이스 페이퍼 10장

유부 3장

두부 $\frac{1}{2}$모

당근 $\frac{1}{4}$개

오이 $\frac{1}{4}$개

파프리카 $\frac{1}{4}$개

사과 $\frac{1}{4}$개

파인애플 $\frac{1}{4}$개

숙주 2줌

채소와 과일은 자유롭게 골라 써.

간장 1큰술

올리고당 1큰술

식용유 2큰술

각종 소스

소스 레시피는 36~37쪽에

1 유부를 끓는 물에 넣어 살짝 데친 뒤에 건져서 채 썰어.

2 작은 냄비에 간장 1큰술, 올리고당 1큰술, 물 2큰술을 넣고 끓여. 바글바글 끓으면 채 썬 유부를 넣고 윤기가 날 때까지 졸여.

3 두부를 1센티미터 두께로 길쭉하게 썰어 프라이팬에 식용유 2큰술 두르고 노릇하게 구워.

4 준비한 채소와 과일은 쌈에 넣기 좋은 크기로 채 썰어.

5 숙주를 뜨거운 물에 살짝 데쳐.

6 **3**, **4**, **5**의 쌈 재료를 큰 접시에 보기 좋게 담아. 이제 상을 차리자. 라이스 페이퍼를 적실 따뜻한 물이 담긴 큰 접시와 각자 쌈을 쌀 수 있는 개인 접시가 있어야 월남쌈은 먹기가 편해.

참, 쌈 재료로 견과류를 곁들여 봐. 씹는 재미도 있고 고소해!

8월

지독한 더위를 이기는 법

연우가 숙제를 안 해 와서 선생님께 혼났다. 정전이라서 못 했다는데, 같은 아파트에 사는 지훈이는 숙제를 해 왔기 때문이다.

연우　딱 15분 동안 정전이었대. 우리 집 식구들 더위 못 참는 거, 알지? 정전되고 바로 카페로 도피하느라 숙제고 뭐고 챙길 생각도 못 했다니까.

선우　정말? 지난번에도 정전됐다고 하지 않았어?

연우　응. 그때는 옆 마을 도서관으로 대피했는데, 사람이 얼마나 많던지!

찜통더위에 정전 소식을 들을 때마다 아찔하다. 텔레비전 뉴스에서도 매일 떠든다. 앞으로는 전기가 더 많이 필요할 거라고.

세계를 휩쓴 인공 지능 열풍. 그러나 전력 수급 안정성 문제로 국내 인공 지능 연구자들의 근심이 깊어지고 있습니다…….

뉴스에서 툭하면 "인공 지능 시대에는 전력망이 국가 경쟁력"이라는 말이 흘러나온다. 문제는 전기를 생산할수록 온실가스 때문에 지구는 더 뜨거워질 거라는 점이다. 이 악순환을 해결할 방법은 정말로 없을까?

나 혼자 한다고 바뀔까?

우리는 환경 수업 시간에 주로 에너지 절약 방법을 배운다. 필요 없는 전등불 끄기, 여름철 냉방 온도 1도 올리기, 겨울철 난방 온도 1도 낮추기 캠페인 같은 에너지 절약 실천 운동도 실제로 큰 도움이 된다고 한다.

지금 이모랑 사는 집 옥상에는 작은 태양광 발전 패널이 있다. 햇빛을 전기로 바꾸어 쓰고 있다고 생각하면, 마음이 뿌듯해진다. 하지만 이 정도 노력으로 에너지 위기를 해결할 수 있을까……?

선우 　이모, 우리 마을이 전부 태양광 에너지를 쓴다면 에너지 문제 해결에 좀 도움이 되지 않을까?

쏨이모 　맞아. 점점 더 많은 사람이 다양한 방법으로 참여하는 게 중요해. 에너지 문제는 지역적, 국가적, 세계적 차원에서 사회적 공감대를 이루어야 변화를 만들 수 있어.

기술이 발전할수록 전기는 더 필요하고 우리는 더 자주 이런 이야기를 나누며 방법을 찾기 위해 노력해야 한다.

전력을 생산하는 여러 가지 방법

각종 디지털 기기에 둘러싸여 사는 지금, 만약 전기가 뚝 끊긴다면 어떨까? 재난 영화에서처럼 잔혹한 싸움이 벌어질 거다. 끔찍한 전투에서 살아남아도 고생이 이만저만이 아니겠다. 역사책

속으로 들어간 기분이 들까? 100년 전 세상처럼 촛불에 의지해 살아야 할지도…….

지속 가능한 미래를 위해서 우리는 어떻게 전기를 생산해야 할까? 내친김에 전력, 즉 에너지를 생산하는 여러 방법을 조사해 보았다.

화력 발전 : 화석 연료(석탄, 석유, 천연가스)로 물을 끓여 발생하는 증기의 힘으로 터빈을 돌려서 전기 생산.

- 생산 비용이 적고 안정적인 전력 공급이 가능!
- 자원 고갈 문제 심각. 미세 먼지로 인한 대기 오염↑ 온실가스 문제↑

태양광 발전 : 햇빛을 전기로 전환하는 방법.

- 에너지원이 태양인 만큼 자원이 고갈될 염려가 없음.
- 날이 흐리면 문제, 폐전지판 쓰레기 문제 심각.

수력 발전 : 높은 데서 떨어지는 물의 힘으로 터빈을 돌려서 전기 생산.

- 온실가스가 발생하지 않고 생산비가 저렴하다.
- 강수량이 부족하면 문제. 발전소 건설비가 비싸고 입지를 정하기가 까다롭다.

풍력 발전 : 바람의 힘으로 터빈을 돌려서 전기 생산.

- 온실가스가 발생하지 않는다.
- 바람이 약하면 문제. 발전소 건설비가 비싸고 전력 공급이 불안정. 소음 문제로 주변 생태계에 미치는 영향이 심각.

원자력 발전 : 핵분열 에너지를 이용해 전기 생산.

- 이산화 탄소 배출 없이 전기 생산이 가능하며, 생산 효율이 매우 높음.
- 관리비가 높고, 사고 발생 시 방사성 물질로 인한 피해 규모가 무시무시할 정도로 심각함.

태양광, 수력, 풍력 에너지처럼, 써도 써도 바닥나지 않고 다시 만들어 쓸 수 있는 경우, '재생 에너지'라고 부른다. 재생 에너지는 분명 기후 친화적 에너지이다. 하지만 안정적으로 전력을 공급하려면 많은 수고가 든다.

한편 '탄소 발생 제로'라는 특징이 매력적인 원자력 에너지는 80년도 넘는 세월 동안 꾸준히 개발되고 발전했다. 그런데 그사이에 원자력 발전은 체르노빌 발전소 폭발 사고, 후쿠시마 발전소 폭발 사고 등 돌이킬 수 없는 재앙을 낳기도 했다.

과연 에너지 문제의 답은 어디에 있을까? 과학자들이 그 답을 찾고 있다고 한다. 하지만 아직은 해결책이 나오지 않은 것 같다. 아……. 지금부터라도 과학 공부를 열심히 해야 하려나. 머지않아 어른이 될 어린이의 숙제가 되려나……? 으악!

8월의 요리

레몬 슬러시와 야채 카레

'카레'의 고향이 인도잖아? 예로부터 더운 나라 인도에서는 음식이 잘 상하지 않게 향신료를 많이 사용했는데, 각종 재료와 향신료를 넣고 끓인 걸쭉한 요리를 '커리'라고 불렀대. 자, 그럼 태양의 열기가 듬뿍 담긴 여름 한 접시 대령이오!

레몬 슬러시

재료(1인분)

얼음 1컵

민트잎 1~2개

레몬 조각 1개

레몬청 2~3큰술

레몬청 레시피는
63쪽에

1 블렌더에 레몬청과 얼음을 넣고 곱게 갈아.

2 슬러시를 컵에 따른 뒤, 레몬 조각과 민트 잎을 올려 줘.

야채 카레

재료(2인분)

비건 카레 가루 4큰술
양파 1개
감자 1개
가지 1개
애호박 $\frac{1}{2}$개
연근 $\frac{1}{2}$개
아스파라거스 2개
껍질콩 2개
브로콜리 $\frac{1}{2}$개
식용유 5큰술
물 2컵
두유 $\frac{1}{2}$컵 선택*

1 양파를 얇게 채 썰어, 그릇에 옮겨 담고 전자레인지에 5분간 가열해.

전자레인지에서 그릇을 꺼낼 때 뜨거우니까 손을 조심해.

2 중약불에 프라이팬을 올리고 식용유를 2큰술 둘러. **1**의 양파를 넣고 한 덩어리가 될 만큼 흐물흐물해질 때까지 10분쯤 볶아.

3 볶은 양파를 냄비로 옮긴 뒤 중불에 올려. 카레 가루 4큰술과 물 2컵을 넣고 잘 섞어. 완두콩도 퐁당퐁당 빠뜨려 주자. 카레가 보글보글 끓으면 3분 뒤 불을 꺼. 부드러운 풍미를 더하려면 카레가 끓을 때 두유를 반 컵쯤 붓고 잘 섞어.

4 카레 위에 얹을 채소를 구울 차례야. 감자, 가지, 애호박, 연근을 반달썰기하고, 아스파라거스, 껍질콩, 브로콜리도 큼직큼직하게 썰어. 중불에 프라이팬을 올리고 식용유 3큰술을 두른 뒤 채소를 구워. 채소가 노릇노릇하게 익을 때까지.

나는 내가 좋아하는 여름 제철 채소를 썼지만 구하기 쉬운 다른 채소를 써도 괜찮아.

5 밥을 담고 카레를 부은 뒤, 위에 구운 채소를 골고루 올려.

칼칼하게 먹고 싶다면 마지막에 고춧가루를 톡톡 뿌려.

여름 특집

달달하고 든든한 잼 레시피

잼과 청은 생과일과는 다른 나름의 풍미가 있어. 탄산수나 두유에 넣어 마실 수도 있고, 크래커나 빵에 곁들여도 좋지!

(잼과 청을 만들 때는 과일과 똑같은 무게의 설탕이 필요해. 저울이 있으면 무게가 1:1의 비율이 되게 하고, 없다면 아래 소개된 재료의 양을 참고해.)

사과잼(1병)

재료 : 사과 2개, 설탕 $2\frac{1}{2}$컵, 레몬즙 2큰술, 시나몬 가루 1꼬집, 열탕 소독 유리병

1 사과 껍질을 깎고 씨를 뺀 다음, 잘게 다져.

2 냄비에 사과를 담고 준비한 설탕을 부어.

사과 양을 늘렸을 때는 사과와 같은 무게만큼 설탕 양을 늘려 넣으면 돼.

3 사과즙이 나와서 설탕이 녹기까지 1~2시간 기다려.

4 설탕이 다 녹았다면 중불에 냄비를 올려 나무 숟가락으로 잘 저으면서 졸여. 수분이 날아가면서 잼처럼 끈적끈적해지면 약불로 줄이고 레몬즙을 넣어. 이때 시나몬 가루를 1꼬집 뿌려. 이대로 5분쯤 더 끓여.

5 완성된 사과잼을 유리병에 담고 식기 전에 뚜껑을 닫아 거꾸로 세워 둬.

이 과정은 병 속을 진공 상태로 만들어 잼을 좀 더 오래 보관할 수 있게 해 줘. 식으면 똑바로 세워서 실온에서 보관하다가, 개봉 후에는 냉장고에 두고 먹으면 돼.

TIP 복숭아잼, 자두잼, 블루베리잼은 사과잼 레시피를 응용해. **4**번 단계에서 포크로 과육을 으깨면 돼.

딸기청(1병)

재료 : 딸기 25개, 설탕 2½컵, 열탕 소독 유리병

1 딸기와 설탕을 섞고, 포크로 잘게 으깨.

2 이대로 소독한 병에 담아 냉장고에 보관해.

TIP 끓이지 않은 거라 2~3일 안에 먹어야 해.

레몬청(1병)

재료 : 레몬 4개, 설탕 2컵, 열탕 소독 유리병

1 레몬 껍질을 소금이나 베이킹 소다로 문질러 닦고, 흐르는 물에 깨끗이 씻어.

2 레몬을 얇게 썰어. 동그란 모양으로 썰기 힘들면 일단 반으로 자른 다음 반달 모양으로 자르자.

3 깨끗한 병에 레몬 1조각, 설탕 1큰술을 번갈아 넣어 쌓아 올려.

TIP 열탕 소독하는 법: 냄비에 찬물을 붓고 유리병 입구가 바닥으로 가게 세워. 센불에 냄비를 올려 물이 팔팔 끓기 시작한 뒤 5분간 기다려. 열이 좀 식으면 유리병을 바로 세우고 물기 없이 말려.

9월

우리는 느림보 여행자

찜통더위가 사그라들고, 구름이 하늘 높이 성을 쌓던 어느 날이었다. 창가로 반가운 가을바람이 솔솔 불어왔다.

쏨이모 선우야, 방금 느꼈어?

선우 응, 바람!

쏨이모 이제 슬슬 여행을 떠나기 좋은 계절이야.

선우 이모는 해외여행을 많이 했지?

쏨이모 그럼, 그야말로 바람처럼 떠돌았지.

선우 흐흐, 나는 비행기를 타 본 적이 없어.

쏨이모　　어라, 왜? 수진 언니도 여행을 꽤 좋아하잖아.

선우　　엄마랑 기차 여행은 많이 했어. 난 기차 여행을 좋아하거든.

쏨이모　　비행기는 싫어해?

선우　　싫어한다기보다는…….

사실은 그렇게 커다란 덩치가 하늘 위에 떠 있다는 게 놀랍고도 무섭게 느껴진다. 학교 친구 중에는 벌써 외국 여행을 여러 번 다녀온 애들도 있다. 친구들이 여행 다녀온 이야기를 하면 부러운 마음이 마구마구 샘솟는다. 언젠가는 나도 비행기 공포증을 이겨 내고 먼 나라를 여행할 수 있을까?

우리가 속도와 바꾼 것

말없이 하늘을 올려다보던 이모가 내 옆구리를 쿡 찔렀다.

쏨이모　　그런데 말이야, 사실 선택할 수 있다면 비행기보다는 기차 여행이 좋지.

선우　　왜? 비행기가 더 빠르잖아.

쏨이모 빠름에는 대가가 따르거든. 탄소 발자국으로 비교해 줄까? 내가 1킬로미터 움직일 때 자동차는 100그램, 비행기는 300그램. 그런데 고속 철도는 14그램이야. 즉 비행기가 고속 철도보다 21배나 많은 탄소 발자국을 남겨.

선우 역시 쏨이모는 탄소 발자국 생각뿐이야.

고개를 절레절레 저으면서도, 내심 뿌듯했다. 기차 여행에 대한 사랑이 더욱 커지는 이 기분!

그렇지만 나도 언젠가는 비행기를 타고 싶다. 비행기는 머나먼 거리를 마법처럼 좁혀 주는 교통 수단이니까. 하지만 내가 지나온 길이 지구를 망가뜨린다면 무슨 소용일까? 지구별 여행 티켓을 더 오래 간직하려면 우리 모두 느긋하게 여행하는 법을 연구해 봐야 할지 모르겠다.

쏨이모 그럼 우리, 말 나온 김에 이달 말쯤 기차 여행 갈까?

선우 완전 좋아!

쏨이모 당장 기차표 예매하자!

CO_2 300g

식재료가 먼 길을 돌아오려면

서너 차례 비가 내리더니 날씨가 제법 선선해졌다. 여행 날 아침 우리는 제철 재료인 햅쌀과 고구마로 도시락을 쌌다. 햅쌀은 올해 수확한 쌀을 말한다.

쏨이모 역시 제철 음식을 먹어야 해.

선우 이모는 제철 식재료를 왜 그렇게 좋아해?

쏨이모 뭐든 제철에 가장 맛있거든. 든든하게 먹어 두면 그다음 해까지 조바심을 내지 않고 기다릴 수 있지.

선우 봄에는 냉이랑 달래. 여름에는 완두콩, 옥수수, 감자. 가을에는 사과, 고구마. 겨울에는 귤이랑 김! 맞지?

쏨이모 요리 열심히 배우더니 제법인데? 또 되도록 우리 지역에서 생산된 식재료를 먹는 게 좋지. 식재료가 우리 밥상까지 오려면 화석 에너지로 움직이는 이동 수단이 필요하니까.

선우 맞아! 하지만 오늘만큼은, 내가 그 이동 수단을 타고 즐거운 여행을 떠날 거고!

9월의 요리

침샘 퐁퐁 고구마 밥과 묵은지 볶음

햅쌀로 지은 고구마 밥 한 숟가락에 묵은지 볶음 한 조각. 입맛을 돋우는 꿀맛 도시락을 만들어 보자.

고구마 밥

재료(2인분)

고구마 1개

햅쌀 1컵

물 1컵

밥 짓는 물

1 고구마를 깨끗이 씻어, 먹기 좋은 크기로 잘라.

햇고구마는 껍질이 연해서 벗기지 않고 조리해.

2 크고 움푹한 그릇에 물을 3컵쯤 붓고 쌀 1컵을 부어. 쌀을 거품기로 빠르게 저어 희뿌예진 물을 버려. 세 차례 더 새 물로 갈면서 처음보다 부드럽게 쌀을 씻어.

3 씻은 쌀을 30분쯤 불린 뒤, 물 1컵을 붓고 잘라 둔 고구마를 올려 밥을 지어.

밥 짓는 도구로는 여러 가지가 있지만 처음이라면 전기밥솥을 추천해. 그리고 어른의 도움을 받아야겠지?

4 밥이 다 되면 주걱으로 고구마가 뭉개지지 않게 위아래로 잘 섞어.

묵은지 볶음

재료(2인분)

묵은지 $\frac{1}{4}$포기
잘 익은 김치를 써도 됨
다진 마늘 1작은술
들기름 2큰술
설탕 1큰술
물엿 1큰술
올리고당을 써도 됨
쪽파 1줄기
통깨 1작은술

1 묵은지를 물에 씻은 뒤, 물기를 꽉 짜고 쫑쫑쫑 썰어. 쪽파도 잘게 썰어 따로 담아 둬.

2 약불에 프라이팬을 올리고 들기름 2큰술을 둘러. 다진 마늘 1작은술을 넣고 마늘 향이 나게 살짝 볶아.

3 약불을 유지한 상태에서 썰어 놓은 묵은지와 설탕 1큰술을 넣고 5분 정도 볶아.
설탕이 묵은지의 짠맛과 신맛을 적당히 눌러 줄 거야.

4 불을 끄기 전에 물엿 1큰술을 넣고 통깨 1작은술과 잘게 썬 쪽파를 뿌려.

10월

지구도 즐거운 소풍 도시락

지난 9월에 다녀온 기차 여행은 가을을 맞아 들뜬 내 기분을 잠재우지 못했다. 아니, 실은 전보다 더 붕 뜬 기분이랄까? 꿈에도 자꾸 노랑 코스모스가 아른거리고……. 쏨이모와 나는 호시탐탐 나들이 기회를 엿보았다.

쏨이모　　선우야, 우리 도시락 싸서 한강 노을 보러 갈까?

선우　　그사이 캄캄해지면 어째? 얼른 가서 배달 음식 시키자.

쏨이모　　나만 믿어. 초고속으로 준비할 수 있어.

선우　　오, 메뉴가 뭔데?

쏨이모　　조립만 하면 완성되는 샌드위치!

어느새 식탁 위에 바나나와 사과, 식빵이 펼쳐져 있었다. 하여튼 이모는 손이 정말 빠르다니까!

도깨비 방망이 안 부러운 배달 앱

엄마랑 나는 배달 음식을 자주 시켜 먹는 편이었다. 집에 마땅히 먹을 게 없을 때 뚝딱, 외출하기는 귀찮은데 뭔가 특별한 게 먹고 싶을 때 뚝딱, 늦은 밤 야식이 고플 때 뚝딱!

그런데 음식을 먹고 난 뒤 남는 쓰레기가 늘 마음에 걸렸다. 플라스틱 용기와 뚜껑, 칼과 포크, 숟가락, 비닐과 스티로폼 등…….
한 끼 식사에 이렇게나 많은 플라스틱이라니!

환경 수업 시간에 본 플라스틱에 관한 통계를 잊을 수 없다. 2022년에 우리나라 사람 한 명이 1년 동안 배출한 플라스틱 양은 무려 100킬로그램이 넘었다. 그 숫자는 내 몸무게의 두 배를 훌쩍 뛰어넘었다.

선생님은 국가별 1인당 플라스틱 쓰레기 배출량이 표시된 막

국가별 1인당 플라스틱 쓰레기 배출량(kg)

대 그래프도 보여 주셨다. 그 그래프 속 30개 나라 가운데 대한민국은 2위였다. 이런 일로 우리나라가 세 손가락 안에 들다니!

그날 수업에서는 일회용 용기에서 사람의 몸에 좋지 않은 미세 플라스틱이 많이 검출된다는 사실도 배웠다. 일회용 용기에 담은 음식을 자주 먹으면 그만큼 많은 미세 플라스틱을 같이 섭취하는 셈이라고 한다.

플라스틱을 줄이기 위한 다섯 가지 약속

쏨이모와 함께 살면서 익힌 삶의 기술 중 하나는 플라스틱 쓰레기를 줄이기 위한 실천법이다.

1. 장을 볼 때 장바구니나 빈 용기를 미리 챙겨 가기.
2. 매장에서 음식을 주문할 때 플라스틱 일회용품 사용 자제하기.
3. 튼튼한 플라스틱 용기는 씻어서 재사용하기.
4. 플라스틱 포장 제품 덜 사기.
5. 그리고 오늘처럼 소풍을 갈 때는 되도록 도시락 싸기.

'두 가지 맛으로 만들어서 친구랑 반씩 나눠 먹으면 참 좋다'는 쏨이모표 소풍 샌드위치! 무엇보다 도시락을 준비하는 시간까지도 즐기게 되었으니까 이보다 더 좋을 수 없다.

10월의 요리

반전 매력
샌드위치 2종 세트

쌉싸름한 초코 잼과 달콤한 바나나,
상큼한 사과와 고소한 치즈!
색다른 맛의 조화가 제법 매력적인 샌드위치들.
만들기도 먹기도 간편하니까
소풍 도시락으로 꼭 도전해 봐!

초코 바나나 샌드위치

재료(1인분)

식빵 2장
바나나 1개
땅콩잼 1큰술
두부초코잼 1큰술

두부 ½모에 카카오 가루 1큰술, 올리고당 1큰술을 얹고 블렌더로 곱게 갈아서 만들어.

1 빵 1장에는 땅콩잼을, 나머지 1장에는 두부초코잼을 도톰하게 발라.
2 껍질 벗긴 바나나를 1센티미터가 안 되는 얇은 두께로 썰어.
3 땅콩잼을 바른 빵 위에 바나나를 올리고, 두부초코잼을 바른 빵으로 덮어.
4 샌드위치를 대각선으로 잘라. 친구랑 나눠 먹기 좋게.

사과 치즈 샌드위치

재료(1인분)

식빵 2장
딸기잼 1큰술
사과 ½개
비건 치즈 1장
마가린 1작은술

1 식빵 1장에 딸기잼을 발라. 네가 좋아하는 다른 과일잼도 괜찮아.
2 사과를 얇게 썰어서 잼을 바른 면에 얹고, 비건 치즈를 1장 올려.
3 나머지 식빵 1장에 마가린을 발라서 덮어.
4 완성한 샌드위치를 대각선으로 잘라.

11월

한 번쯤 무엇을 먹을지 생각해 보자

쏨이모는 채식주의자다. 채식에도 여러 단계가 있는데, 쏨이모의 경우 고기와 생선은 물론 달걀, 우유, 꿀도 먹지 않는 '비건'이다.

이모는 화장품을 살 때 동물 실험을 하지 않는 제품을 고르고, 동물 가죽이나 모피, 깃털 등을 재료로 삼은 옷은 입지 않는다. 애당초 새 옷을 사는 일도 드물다.

선우　　이모, 솔직히 비건으로 사는 거 머리 안 아파? 따져 봐야 할 게 너무 많잖아.

쏨이모 하하, 조목조목 규칙을 세워 놓고 따라야 한다면 머리가 아프겠지? 하지만 누구나 살면서 매 순간 선택을 하잖아. 그런 선택의 순간에 나는 이게 자연환경에도 이로운지 한 번쯤 더 생각해 보는 것뿐이야.

햄버거를 못 먹는 건 비건의 비극?

비건인 쏨이모와 함께 살다 보니 나도 자연스럽게 고기를 덜 먹게 되었다. 물론 학교 급식에 나오는 고기반찬은 남김없이 먹는다. 달걀이나 새우, 생선이 먹고플 때는 쏨이모 도움을 받아 요리도 한다. 그래서인가 평소에 고기를 덜 먹는 건 생각보다 어렵지 않았다.

근데 딱 한 가지, 햄버거를 못 먹는 것만큼은 유독 아쉬웠다. 나는 햄버거랑 감자튀김을 정말 좋아한다. 산책을 하다가, 집에서 영화를 보다가, 피곤해서 식사를 차리기 번거로울 때 문득, 터덜터덜 걸어서 갈 수 있는 패스트푸드 매장에 이모가 먹을 수 있는 채식 버거가 있다면 얼마나 좋을까? 그냥 아무 고민 없이 마음 편하게 들어가서 각자 좋아하는 햄버거를 먹을 수 있다면…….

누구나 채식을 할 수 있는 세상

드디어 어제 그 소원이 이루어졌다. 집 근처 패스트푸드점에서 비건 버거를 출시한 것이다! 대체육으로 만든 패티, 토마토, 양상추가 든 버거는 내가 원래 좋아하던 버거만큼이나 맛있었다. 이모 말로는 예전에도 비건 버거가 출시되었다가 오래가지 못하고 단종이 됐다고 한다.

선우	이번에는 오래오래 팔면 좋겠다. 그래야 이모랑 또 버거를 먹으러 오지.
쏨이모	옛날보다 비건 인구가 늘었으니 걱정 마. 사실 우리 레스토랑도 손님이 많이 늘었다? 그런데 선우야, 너 몰랐구나? 나, 버거 잘 만드는데.
선우	뭐? 이모도 버거 좋아해?
쏨이모	우리 레스토랑에서 끼니를 해결할 때, 밥이 질리면 버거를 자주 먹거든. 후후, 요즘은 비건 치즈나 패티를 대형 마트에서도 파니까 어렵지 않아. 또 패티 대신 볶은 버섯이나 두툼하게 썰어서 구운 두부, 바삭한 감자튀김을 넣어도 괜찮고.

선우　　난 그런 줄도 모르고 이제껏 이모가 버거 못 먹는 걸 아쉬워했네.

쏨이모　　버섯이나 두부를 넣을 땐 달콤 짭짤한 데리야키 소스를, 감자튀김을 넣는다면 케첩을 듬뿍! 비건이면 못 먹는 게 많을 거라는 고정 관념을 버리라고. 그때부터 아이디어가 무궁무진 솟구친다니까?

나는 입을 떡 벌린 채 이모의 말을 듣다가, 주먹을 불끈 쥐었다. 좋았어, 나도 언젠가 나만의 버거 레시피를 만들고 말 거야!

11월의 요리

감자튀김과
아보카도 버거

가만 보면 비건 요리는 참 창의적이야. 늘 새로운 레시피를 찾아 궁리하게 만들잖아. 이번에 소개할 버거 레시피의 주재료는 아보카도야. 함께 도전해 볼래?

감자튀김

재료(2인분)

감자 2개

식용유 1컵

소금 1작은술

비건 케첩 2큰술

1 감자 껍질을 벗기고, 기다란 막대 모양으로 썰어.

2 채 썬 감자를 찬물에 1~2회 헹궈.

그래야 조리 과정에서 감자끼리 서로 달라붙지 않거든.

3 감자를 채반에 받친 뒤 키친타월로 꼼꼼히 물기를 없애.

물기가 있으면 감자를 튀길 때 뜨거운 기름이 튀어서 위험해.

4 프라이팬에 식용유 1컵을 붓고 중불로 달궈. 기름이 뜨거워지면 기포가 보일 거야. 이제 채 썬 감자를 넣어서 골고루 튀겨.

5 감자가 노릇하게 잘 익으면 접시에 옮기고, 소금을 솔솔 뿌려. 케첩과 함께 내면 완성!

아보카도 버거

재료(2인분)

도톰한 빵 4장
토마토 1개
양파 $\frac{1}{4}$개
설탕 1꼬집
소금 1꼬집
레몬즙 1큰술

아보카도 1개
껍질이 거무죽죽 하고 말랑한 것
로메인 상추 2장
양상추를 써도 됨

대체육 패티 2장
비건 마요네즈 2큰술
비건 케첩 2큰술 선택*
비건 치즈 2장 선택*
스리라차 소스 1큰술 선택*

1 '토마토 살사 소스'부터 만들자. 토마토와 양파를 잘게 깍둑썰기한 뒤, 설탕·소금·레몬즙과 함께 섞어 둬.
2 상추는 씻어서 물기가 빠지도록 채반에 두고, 아보카도는 얇고 넓적하게 썰어.
3 프라이팬에 패티를 구워.
4 햄버거 빵 안쪽에 얇게 마요네즈를 바르고, 준비한 재료를 상추, 구운 패티, 아보카도 순서로 차곡차곡 올려. 아, 패티 위에 치즈를 올리면 살짝 녹아서 풍미가 더 좋아.
5 마지막으로 아까 만든 '토마토 살사 소스'를 올리고 빵을 덮으면 완성!

매운 걸 좋아해? 빵을 덮기 전에 스리라차 소스를 한 바퀴 뿌리면 맛있게 매콤하지.

가을 특집

비건 제품 돋보기

요즘 마트에 가면 다양한 비건 제품이
심심찮게 눈에 띄어. 뭐가 있나 둘러볼까?

비건 마요네즈는 콩과 식물성 오일로 만들어. 일반 마요네즈의 고소한 맛은 그대로이면서, 칼로리가 더 낮아 체중 조절에도 도움이 돼.

비건 버터는 우리에게 '마가린'이라는 이름으로 더 익숙해. 콩기름 같은 식물성 기름이나 캐슈너트, 아몬드 같은 견과류를 주재료로 해. 마가린은 버터를 사용하는 조리법에 모두 사용할 수 있어.

비건 소시지, 비건 패티의 주재료는 콩이야. 고기 요리에 육류의 대체재로 활용하지.

비건 치즈는 코코넛 기름으로 만드는데, 우유로 만든 치즈 못지않은 향과 맛을 지녔지.

비건 새우의 주재료는 콩과 곤약이야. 동그랑땡 반죽에나 볶음밥에도 쓰고, 월남쌈 재료로도 활용해도 좋아.

템페는 콩과 효모로 만든 고단백 식품이야. 식감이 고기와 비슷해서 파스타, 샐러드, 샌드위치에도 넣고, 볶음, 구이, 강정 등 다양한 요리의 재료로 쓰이지.

비건 달걀은 콩, 녹두, 옥수수, 감자 등의 재료로 만든 식물성 계란이야. 놀랍지? 콩으로 달걀을 빚다니!

두유 요거트는 이름 그대로 우유 대신 두유로 만들어. 시리얼이나 과일에 곁들여 먹으면 꿀맛이야.

12월

다른 생명을 해치지 않는 겨울나기

겨울이 되자 아이들 옷차림이 확 달라졌다.

연우 　　선우야, 나 뭐 달라진 거 없어?

선우 　　오, 사고 싶다던 그 옷 샀구나! 잘 어울린다!

연우 　　앗, 미안. 자랑하려는 건 아니었는데…….

선우 　　음? 갑자기 웬 사과야?

어라? 연우의 눈길이 슬쩍슬쩍 내 패딩에 와 닿았다. 혹시 내가 유행이 한참 지난 패딩을 입고 있어서 그런가? 맞네, 맞아. 연우도 참!

사실 나는 얼마 전에 나 자신과 굳게 약속했다. 내 몸이 커져서 새 옷이 필요하기 전까지는 지금 이 패딩을 계속 입을 거라고!

거위의 옷

어쩌다 그런 생각을 했느냐고? 얼마 전에 본 다큐멘터리 때문이다. 그 다큐를 보기 전에는 거위털 패딩의 제작 과정을 몰랐다.

거위들이 산 채로 사람의 무릎 사이에 꽉 붙들려 있었다. 사람들은 맨손으로 거위 가슴팍에 난 털을 잡아 뽑았다. 거위들의 비명 같은 울음소리가 고막을 찔렀다.

패딩 1벌을 만들 때 거위 10마리 이상이 그런 일을 겪는다고 했다. 사육장의 거위들은 평생 15번은 그렇게 털이 뽑힌다는 거다.

뭔가를 알게 된다는 건, 전과는 다른 게 보인다는 뜻이다. 그때부터 패딩을 입는 게 너무 잔인한 일처럼 느껴졌다. 엄마가 열심히 일해 번 돈으로 사 준 패딩인데, 조르고 또 졸라서 고르고 또 골라서 산 패딩인데……. 나를 포근하게 감싸 주던 그 따뜻한 온기가 이제 슬프게 느껴졌다.

선우　이모, 나는 패딩이 거위를 그렇게 아프게 해서 만든 옷인 줄 몰랐어. 그만 입는 게 낫지 않을까?

쏨이모　아니야. 그것보다는 앞으로 어떤 옷을 입을지 생각해 보는 게 어떨까? 다음에 옷을 고를 때는 동물에게 고통을 주면서 얻은 털이나 가죽 재질의 옷은 피하는 거지.

선우　아무것도 모르고 패딩을 입고 다닌 게 속상해.

쏨이모　요즘 동물권에 대한 사람들의 관심이 높아지면서 새로운 소재로 된 옷도 많이 나오고 있어. 그렇다고 거위 털로 만든 옷을 버리고 새 옷을 사는 게 환경에 이로울까? 물건은 가능한 한 오래 쓸수록 지구 환경에 도움이 돼.

너무 빨리 바뀌는 세상

쏨이모가 인터넷 창에 '패스트 패션'이라고 입력하고 이미지 검색 결과를 클릭했다. 모래 언덕이 펼쳐진 사막에 얼룩덜룩한

언덕이 솟아 있었다. 버려진 옷의 무덤이었다. 사진이 딸린 기사에는 내가 꿈에도 몰랐던 사실이 소개되어 있었다.

패스트 패션은 빨리 만들고 빨리 소비하는 것을 지향하는 의류 문화다. 기업들은 저렴한 가격과 대량 생산으로 최신 유행 디자인을 빨리빨리 쏟아 낸다. 소비자는 유행 타는 디자인을 싼값에 즐긴다. 기업과 소비자가 서로 득을 보는 가운데 몇 번 입지도 않고 버려지는 옷들은 폐기장에 산더미처럼 쌓여 가고 있었다.

나에게 딱 맞는 옷

그날 결심했다. 내 옷이지만, 전에는 거위의 옷이었던 그 패딩을 되도록 오래오래 아껴 입겠다고. 거위에게 진 빚을 마음으로 갚겠다고.

선우 그러고 보니 이모는 옷을 거의 안 사는 거 같아.

쏨이모 네가 몰라서 그렇지, 나도 패션에 민감한 시절이 있었단다. 그런데 실패를 자주 하고 보니 이런 생각이 들더라. 유행이 대수냐, 나한테 어울리는 옷이 낫지. 그때부터 잘 골라 신중하게 구매하자는 쪽이 되었지.

정든 옷을 최대한 오래 입고, 입지 않는 옷을 가까운 이웃과 나누고, 동물을 해치지 않는 방법으로 만들어진 옷을 선택하기. 무엇보다 유행하는 옷보다는 나에게 어울리는 옷을 구매하기. 그렇다. 내가 할 수 있는 일은 이렇게나 많다. 참 다행이다.

12월의 요리

군고구마 트리와 단호박 수프

정성껏 만든 음식은 따뜻한 겨울 외투만큼이나 포근하게 마음을 감싸 주지. 이번 크리스마스이브에는 소중한 친구를 초대해서 고구마 트리를 만들어 주면 어떨까?

군고구마 트리

재료(2인분)

중간 크기 고구마 3개

올리고당 1작은술

말린 크랜베리 1줌

건포도 1줌

브로콜리

땅콩 6개

딸기 1알

딸기 대신 방울토마토나 젤리, 또는 파프리카를 써도 됨

1 고구마 3개를 깨끗이 씻어 각각 반으로 잘라.

2 고구마를 100도씨 오븐에 넣어 30~40분 굽고, 200도씨로 온도를 올려서 15~20분쯤 더 구워.

바닥이 두꺼운 냄비를 써도 돼. 고구마를 넣고 뚜껑을 덮은 다음 약불로 천천히 익혀. 10분에 한 번씩 고구마를 뒤집어. 30분쯤 뒤면 거의 다 익어.

3 고구마 껍질을 벗긴 다음 잘 으깨.

단맛이 덜하다면 올리고당이나 물엿을 1작은술 넣어도 좋아.

4 으깬 고구마를 뭉쳐 트리 모양으로 봉긋하게 만든 다음, 말린 크랜베리, 건포도, 땅콩 같은 견과류와 건과일로 장식해. 트리 꼭대기에는 딸기를 올려. 만일 딸기가 없다면 빨간 파프리카를 별 모양으로 잘라 쓰거나 젤리, 혹은 방울토마토를 올려도 예뻐.

단호박 수프

재료(2인분)

작은 단호박 1개
감자 1개
양파 $\frac{1}{2}$개
두유 2컵 반
식용유 1큰술
소금 3꼬집
후추 1꼬집
식빵 2장

1 감자, 단호박, 양파를 깨끗이 씻어서 준비해.

2 감자와 단호박을 그릇에 담고 뚜껑으로 덮은 다음, 전자레인지로 2~3분쯤 익혀. 그러면 살짝 부드러워져서 쉽게 자를 수 있어. 단호박은 씨를 제거해.

단호박은 익는 데 감자보다 조금 더 시간이 걸려.

3 준비한 감자, 단호박, 양파를 가늘게 채 썬 다음 기름을 두른 프라이팬에 5분쯤 달달 볶아.

4 **3**의 재료를 냄비에 옮겨 담고, 두유를 넣어서 중불로 20분쯤 끓여. 재료가 다 익었으면 불을 꺼.

5 **4**의 재료를 블렌더로 곱게 갈아. 마지막에 소금과 후추로 간을 하면 완성!

블렌더 날은 꼭 수프에 완전히 담그고 작동시킬 것! 뜨거운 수프가 사방으로 튈 수 있거든.

6 내 정신 좀 봐. 중요한 걸 빠뜨릴 뻔했네. 수프는 구운 식빵을 곁들여 먹으면 더 맛있어.

1월

바닷속 아마존

몇 년 전만 해도 우리나라, 일본, 중국 말고는 해조류를 먹는 나라가 거의 없었다고 한다. 진짜로? 아니, 왜?

우리 엄마는 요리에 그다지 관심이 없다. 맛이 있든 없든 그냥 허기를 채우기 위해 먹는다. 그래서 내가 요리사를 꿈꾸게 된 걸지도……. 그런 엄마가 언제나 까다롭게 고르는 식재료가 하나 있는데, 그게 바로 김이라, 이 말씀. 앞으로도 우리 집 밥상에서 김이 떨어지는 일은 절대 없을 거다.

엄마뿐일까? 이제 보니 쏨이모도 엄마 못지않게 극성스런 '김 좋아 동호회' 회원이다. 이모는 먹는 방식도 가지가지다. 잘게 부순 다음 볶음밥 위에 뿌려 먹고, 짭짤하게 양념해서 무쳐 먹고, 국 위에 고명으로 얹어 국물에 푹 전 맛으로 먹고……. 김이 들어가는 것만으로 어떤 음식이든 맛이 풍성해진다며 오늘도 신상 메뉴 개발에 열을 올리고 있다.

나로 말할 것 같으면 어릴 때부터 김만 있으면 밥 한 그릇 뚝딱 비우는 한국 어린이니까 말 다 했다. 어디 내놔도 안 부끄러울 자랑스런 '김 좋아 동호회'의 새싹 멤버라 하겠다. 최근에는 새해맞이 김 떡국 레시피도 마스터했고.

이렇게 김을 최애로 꼽는 분위기 속에 자란 내가 문제의 영어 단어 '씨위드(seaweed)'를 보고 어떻게 놀라지 않을 수 있을까? 씨위드는 미역, 파래, 김, 다시마 같은 해조류를 이르는 말이다. 그런데 그게 글쎄 '바다(sea)'의 '잡초(weed)'라는 뜻이란다. 아니, 그렇게 맛있는 김을 잡초라고 부르다니!

참 이름을 성의 없이 지었네, 하고 찾아보니 놀랍게도 세계 대부분의 나라에서 해조류는 진짜 잡초 취급을 받고 있었다. 사람이 먹

는 경우는 거의 없고, 가축 사료를 만들거나 비료의 재료로 사용한다고 한다. 우리처럼 김, 다시마, 미역을 식재료로 활용해 다양한 음식으로 만들어 먹는 나라는 아주 드물었다.

참나, 이렇게 안타까운 일이 또 있을까?

미래 식량 해조류

그런데 요즘 해조류를 먹지 않던 나라들도 해조류에 관심을 기울이고 있다고 한다. 쏨이모에게 들으니 특히 해조류의 영양 성분에 대한 연구 결과가 알려지면서 관심이 부쩍 높아졌다고.

쏨이모　해조류는 단백질이 풍부하고 칼슘, 철분 같은 무기질에 비타민까지 듬뿍 들어 있거든. 반면 칼로리는 낮지. 영양가는 높고 칼로리는 낮아서 건강한 식재료로 인기를 얻고 있대.

선우　뭐람? 우리나라 사람들은 아주 오래전부터 해조류를 먹었는데. 지혜롭기도 해라!

쏨이모　해조류는 바다와 햇빛만 있으면 비료도, 토지도 없이 재배가 가능하니까 미래 식량으로까지 여겨지고 있어.

나는 아주 재밌는 기사를 찾았다. 2022년에 프랑스 언론에서 〈지구를 위해 해조류를 요리하는 한국인〉이라는 제목으로 기사를 실었는데, 우리나라 언론이 이를 앞다투어 소개한 것이다.

지구를 위해 해조류를 먹는다?

기사 내용은 흥미진진했다. 해조류는 농약이나 비료를 주지 않아도 엄청난 속도로 자란다. 그래서 채소보다도 탄소 발자국이 적은 식재료다. 한편 해조류는 광합성을 하는 과정에서 이산화 탄소를 흡수하는데, 그 양이 소나무나 단풍나무가 흡수하는 양의 몇 배나 된다. 프랑스 언론은 그런 해조류로 다양한 음식을 해 먹는 한국인들이 결과적으로 환경을 위해 좋은 일을 하고 있다고 본 것이다.

아, 할 수만 있다면 그 기사를 쓴 외국인 기자에게 연락해 잘못된 사실을 바로잡아 주고 싶다.

'저기요, 한국인들이 해조류를 먹는 건 지구를 위해서가 아니라, 맛있어서예요. 채소라면 질색하는 우리 엄마도, 채소만 먹는 쏨이모도 대동단결 김과 미역을 너무나 좋아하거든요.'

아무튼 우리가 그동안 열심히 먹었던 김과 미역, 파래, 다시마가 지구의 환경을 지킬 수 있는 슈퍼 푸드라는 걸 알게 돼서 기쁘다. 우리가 알게 모르게 제법 괜찮은 일도 하며 살고 있었구나.

더 놀라운 기사도 있었다. 해조류를 이용해 메탄가스를 줄일 수 있다는 내용이었다. 바다고리풀이라는 해조류를 사료에 섞어서 줬더니 소 트림과 방귀 속 메탄가스 양이 엄청나게 줄었다고 한다. 아, 해조류로 일회용 컵을 만들 수 있다는 뉴스도 있었다. 해조류로 만든 컵은 종이컵보다 제작 과정에서 오염 물질도 덜 생기고, 90일 만에 자연 분해가 된다고 한다.

김이랑 미역, 그 밖의 해조류 친구들……. 너희가 이렇게 대단했구나. 몰라봐서 미안하다. 열심히 먹기만 해도 지구에 도움이 된다니, 지금처럼 앞으로도 열심히 먹어야겠다!

1월의 요리

파도의 맛, 김떡국과 해초전

떡국에 처음 도전해 본다고?
김만 믿어! 국물 맛이 진해서
깜짝 놀랄걸?

김떡국

재료(2인분)

떡국 떡 2줌

구운김 6장

표고버섯 4개

다시마(10cm²) 2장

대파 1대

다진 마늘 2작은술

물 5컵

국간장 2큰술

소금 2작은술

후추 2꼬집

깨 4꼬집

참기름 2작은술

1 떡국 떡을 깨끗이 씻어서 30분간 불려. 대파는 1센티미터 정도 두께로 어슷썰기해. 구운 김은 가위로 자르거나 손으로 부숴 둬.

2 냄비에 물 5컵, 다시마 2장, 표고버섯 4개를 넣고 강불로 끓이다가 10분쯤 지나서 다시마를 먼저 빼내.

다시마를 오래 끓이면 씁쓸한 맛이 나거든.

3 국물이 팔팔 끓으면 떡을 넣고, 떡이 익어서 동동 떠오를 때까지 중불로 끓여.

4 떡이 익으면 부숴 둔 김을 넣어. 국간장 2큰술과 소금 2작은술, 후추 2꼬집을 넣어서 간을 맞춰. 썰어 놓은 파와 마늘 2작은술을 넣고 한소끔 끓여.

5 떡국을 그릇에 담고 깨와 참기름을 살짝 뿌리면 완성.

해초전

재료(2인분)

모둠 해초 50그램
양파 ½개
부침가루 1컵
식용유 2~3큰술
물 1컵
초간장 1종지
초고추장 1종지

1 해초를 물에 깨끗이 씻은 뒤, 물기를 꼭 짜. 해초 뭉치는 손가락 1마디 두께로 자르고, 양파는 가늘게 채 쳐.
2 볼에 해초와 채 썬 양파를 담고, 부침가루 1컵과 물 1컵을 부어 해초전 반죽을 만들어. 반죽은 너무 질지 않아야 해. 해초와 양파가 엉킬 정도가 되어야 적당해.
3 중불로 프라이팬을 달군 다음 식용유 2~3큰술을 둘러. 30초쯤 뒤 해초전 반죽을 젓가락으로 콕 찍어 기름 위에 떨어뜨려 봐. 반죽이 지글지글하면서 익는다면, 이제 때가 된 거야. 반죽을 한입 크기로 떠서 프라이팬에 올린 뒤, 바삭하게 앞뒤로 부쳐.
4 초간장이나 초고추장에 찍어 먹으면 잘 어울려.

2월

내가 할 수 있는 일

오늘 연우가 이런 말을 했다. 쏨이모를 알고 나서 채식에 대한 오해가 풀렸다고.

선우 오해?

연우 그전까지 나한테 채식은 좀 별나고 까다로운 거였어. 그런데 쏨이모 요리가 너무 맛있는 거야.

선우 흐흐, 말해 뭐 해. 이모 요리 솜씨는 미슐랭급이지.

연우 하지만 쏨이모가 아무리 채식을 해도 기후 위기가 해결될까? 계란으로 바위 치기 같은데…….

순간 내 마음 한구석이 계란 껍데기처럼 빠지직 소리를 내는 거 같았다.

솔직히 나도 자주 의문이 들곤 했다. 온라인 세계에서는 무한 리필 고기 먹방이 히트를 치는데, 내가 채식 몇 끼 한다고 뭐가 달라질까? 아파트 분리 수거장에 날마다 쓰레기가 산더미처럼 쌓이는데, 우리 집만 배달 음식을 안 시키는 게 정말 도움이 될까? 국내 물가가 비싸졌다고 해외여행이 큰 인기라는데, 그러면 기차 여행을 하는 사람만 손해 보는 거 아닐까? 텀블러는 최소한 200번 이상 써야 일회용 컵보다 환경에 도움이 된다는데, 집 앞 카페에서는 왜 계절마다 새로운 디자인의 텀블러를 팔까?

신기한 건, 전에는 이런 고민을 해 본 적이 없다는 거다. 내 관찰력이 특별히 좋아진 것도 아닐 텐데, 어떤 문제들이 눈에 띄기 시작했다. 어쩌면 연우도 나 같은 생각을 하고 있는 걸까?

우리가 함께 생각을 나눌 수 있다면

이렇게 누군가와 환경에 대해 이야기를 나누게 됐다는 게 신기하다. 지난 1년 동안 쏨이모랑 살면서 우리는 틈만 나면 이런 이야기를 나누었다. 나는 내가 무엇을 먹는지, 무엇을 입는지, 무엇을 사는지, 할 수 있는 일은 무엇인지 생각하게 되었다.

내가 아닌 우리를 위해, 지구를 위해 뭔가를 포기하거나 노력하는 건 결코 쉽지 않은 일이다. 하지만 우리가 이야기를 계속할 준비가 되어 있다면, 계속해서 더 나은 방법을 찾아갈 수 있지 않을까? 그런 대화를 한 사람, 두 사람, 백 사람, 천 사람…… 이어 가기 위해 지금 이 순간, 내가 할 수 있는 일을 찾아 나가야겠다. 그 작은 노력이 지구에 도움이 된다면, 나는 내가 할 수 있는 일을 계속해 나갈 것이다.

내가 할 수 있다고 생각한 것

* 음식 포장해 오기.(배달 음식 대신)
* 재활용 상점 이용하기.
* 하루 한 끼는 꼭 채식하기.
* 개인 물병 가지고 다니기.
  - 플라스틱 용기에 든 물이나 음료수를 덜 사 먹게 된다.
* 물건 오래 쓰기.
  - 단순히 질렸다는 이유로 멀쩡한 물건을 버리고 새로 사지 않는다.
* 마음에 들지 않는 기념품이나 쓰지 않을 물건은 받지 않기.
* 일회용품 안 쓰기, 아껴 쓰기.
* 옷 깨끗하게 입고 물려주기.
* 옷 물려입기.
* 재활용하기 어려운 상품을 만드는 기업에 의견 보내기. (이메일, 게시판, 편지)

그리고 더 생각해서 이 목록을 이어 가기!

네가 할 수 있다고 생각한 것

2월의 요리

당근 케이크와 곤약 젤리

옛날에는 설탕이 너무 귀하고 비싸서 대신 당근을 넣어 케이크를 만들었대. 고소한 호두랑 달달한 당근이 만나면 얼마나 잘 어울리게? 자신 있게 소개하지. 이건 그냥 당근 케이크가 아니라 '당근 맛난 케이크'야.

당근 케이크

재료(2인분)

밀가루 1컵

아몬드 가루 4큰술

설탕 4큰술

소금 $\frac{1}{2}$작은술

시나몬 가루 1~2꼬집

베이킹파우더 1작은술

당근 1개

두유 1컵

식용유 5큰술

올리브유보다 향이 적은 기름이면 돼.

호두 1큰술

굵직굵직 씹기 적당한 크기로 칼질해서 써.

식물성 휘핑크림 4큰술

1 준비한 가루들을 모두 볼에 넣어 섞고, 당근은 강판에 갈아.

2 **1**의 가루를 섞어 둔 볼에 간 당근과 두유 1컵, 식용유 4큰술, 다진 호두 1큰술을 넣고 날가루가 보이지 않을 정도로 잘 섞어.

3 케이크 틀로 사용할 컵에 유산지를 깔거나 컵 안쪽에 식용유를 발라. 반죽을 컵의 80퍼센트만 채운 다음, 200도 오븐에서 20분 동안 구워. 젓가락으로 찔러서 반죽이 묻어나지 않으면 다 익은 거야.

4 컵케이크를 오븐에서 꺼내 완전히 식힌 뒤, 케이크 위에 식물성 휘핑크림으로 장식해.

얇게 썬 아몬드나 과일청, 말린 과일 등을 함께 얹어도 좋고.

곤약 젤리

재료(2인분)

곤약 가루 5그램

설탕 2큰술

블루베리 1줌

무엇이든 네가 좋아하는 과일을 써도 좋아.

과일 주스 $2\frac{1}{2}$컵

과일 주스 대신, 과일청에 물을 섞어 써도 돼.

1 작은 냄비에 주스 $2\frac{1}{2}$컵을 붓고, 설탕과 곤약 가루를 넣어 잘 저어. 잘 섞였다 싶으면 약불에 올려.

2 물방울이 보글보글 올라오면 30초 뒤 불을 끄고, 손으로 만졌을 때 따뜻한 정도로 식을 때까지 기다려.

3 얼음 틀 칸칸이 블루베리 1~2개를 넣어. 그 위에 **2**에서 식혀 둔 내용물을 부어.

어떤 과일을 넣느냐에 따라 무한 변신 가능!

4 냉장고에 넣고 단단해질 때까지 1시간쯤 기다려.

겨울 특집

있다 / 없다 채식 수다

채식은 맛이 있다 / 없다

'있다'에 당당히 한 표! 분명 내 입에 맞는 채식 식단이 있어. 세상의 다른 모든 음식과 마찬가지로. 일단 채식에 마음을 열면 깜짝 놀랄 거야. 채소, 견과류, 과일, 콩뿐만 아니라 대체 식품들이 얼마나 많은지! 이제까지 몰랐던 새로운 식재료에 다가가는 기회라고 생각해 보면 채식의 세계는 굉장히 흥미로운 맛의 신대륙이야.

고기를 먹는 채식주의자는 있다 / 없다

있다. 채식주의자라고 하면 동물성 식재료를 절대 먹지 않는 '비건'이 가장 먼저 떠오를 거야. 하지만 자기만의 원칙을 세워 채식주의를 실천할 수도 있어. 오른쪽 표를 보면 위로 갈수록 낮은 단계의 채식주의야. 가급적 채식을 하되, 상황에 따라 육식도 하지.

✦ 단계별 채식주의 ✦

	육류	가금류	어패류	달걀	유제품	채소
플렉시 테리언	☺	☺	☺	☺	☺	☺
폴로 베지테리언		☺	☺	☺	☺	☺
페스코 베지테리언			☺	☺	☺	☺
락토오보 베지테리언				☺	☺	☺
오보 베지테리언				☺		☺
락토 베지테리언					☺	☺
비건						☺

※ '가금류'는 닭이나 오리 등, '어패류'는 생선과 조개 등, '유제품'은 버터와 치즈 등을 말해.
※ '베지테리언'은 식물성 식품을 먹는 사람을 뜻하는 말이야.

채식 식단으로는 단백질을 섭취할 수 **있다 / 없다**

있다. 하지만 여기에는 아주 중요한 단서가 따라붙지. 바로 식단 구성이 정말 정말 중요하다는 거야. 특히 성장기 어린이들에게는 어른보다 체중 대비 많은 단백질이 필요하니까 더욱 그래. 단백질에는 동물성 단백질과 식물성 단백질이 있어. 동물성 단백질은 필수 아미노산을 포함하고 있지만, 식물성 단백질에는 필수 아미노산이 부족한 경우가 있어. 이 때문에 서로 보완할 수 있는 식재료를 골고루 챙겨 먹는 게 아주 중요해.

운동선수 중에도 채식하는 사람이 **있다 / 없다**

많다. 올림픽에서 메달을 무려 네 번이나 딴 테니스 선수 세리나 윌리엄스도, 올림픽 금메달리스트 피겨 스케이트 선수인 미건 뒤아멜도 채식을 해. 전설적인 권투 선수 무하마드 알리, 육상 선수 칼턴 루이스도 오랫동안 채식을 한 운동선수야.

비건 상품 중에 못 먹는 것도 있다 / 없다

있다. '비건'은 단순히 동물성 식재료를 먹지 않을 뿐만 아니라, 동물의 건강과 목숨을 해치지 않는 삶을 추구해. 동물이 보다 나은 삶을 살 권리, 즉 동물권을 지지하고 지키려 하지. 대표적으로 화장품을 제작할 때 동물성 원료를 쓰지 않고, 의약품을 개발할 때 동물 실험을 거치지 않은 경우 '비건' 제품으로 인증을 받을 수 있어. 이게 무슨 말인고 하니, 지금까지 화장품, 의류, 의약품 발달의 역사 뒤에는 동물들의 엄청난 희생이 따랐다는 거지.

채식은 누구의 강요로 할 수 있다 / 없다

없다. 나 개인은 채식주의를 지지하지만, 사람은 누구나 각자의 의지에 따른 삶을 스스로 찾아야 해. 채식은 그 와중에 선택할 수 있는 한 가지 길일 뿐이야. 그 길을 찾기 위해 우리는 끊임없이 배우고, 고민하고, 탐색하는 거야.

에필로그

내일이면 1년 동안 해외 출장을 갔던 엄마가 돌아온다! 그건 정말 기쁘지만, 쏨이모랑 헤어지는 건 말로 표현할 수 없을 만큼 아쉽다.

1년 동안 쏨이모에게 많은 걸 배웠다. 요리만이 아니다. 이모는 내게 완벽하지 않더라도 도전하고 노력하는 삶이 왜 의미 있는지 가르쳐 주었다. 작은 것 하나하나 고민하고, 더 나은 방법을 찾아갈 용기를 주었다.

마지막 밥상으로, 쏨이모를 위한 선물을 준비했다. 바로 내가 만든 쏨땀! 쏨땀은 쏨이모가 제일 좋아하는 음식이다. 이모가 나한테 제일 처음 해 준 요리도 쏨땀이다. 그래서 쏨이모네 집을 떠나기 전에, 꼭 내 손으로 이모와 엄마에게 대접하고 싶었다. 남몰래 맛있는 제주도산 콜라비도 사 뒀고, 땅콩도 챙겨 뒀다. 마침 어제 쏨이모랑 쯔유도 만들었으니까 혼자서도 잘 만들 수 있겠지?

쏨이모표 콜라비 쏨땀(3인분)

재료 : 작은 콜라비 ½개, 당근 ½개, 땅콩 1줌, 매운 고추 ½개, 방울토마토 8개, 다진 마늘 1큰술, 레몬즙 2큰술, 설탕 3큰술, 간장 1큰술, 쯔유 1큰술

쯔유 레시피는 36쪽에 있어. 쯔유 대신 간장 2큰술을 써도 괜찮아.

1 콜라비와 당근은 채 썰어. 채칼을 쓰면 편리해. 방울토마토는 반으로 잘라. 매운 고추도 굵직하게 썰어. 다 함께 볼에 담아.

2 땅콩을 굵게 다져. 다진 마늘 1큰술, 레몬즙 2큰술, 설탕 3큰술, 간장 1큰술, 쯔유 1큰술 모두 잘 섞어 양념을 만들어.

3 **1**의 재료에 양념을 붓고 버무린 다음, 위에 땅콩을 뿌리면 완성.

작가의 말

변화를 꿈꾸는 요리책

여러분, 반가워요. 이 책을 쓴 샤크(shark)입니다. 아, 샤크는 제가 어릴 때 친한 친구가 붙여 준 별명인데, 꽤 마음에 들어서 지금껏 별칭으로 쓰고 있답니다. 바다를 자유롭게 헤엄치는 상어가 늘 부러웠거든요. 여러분도 알다시피, 상어는 엄청난 육식성 어류예요. 솔직히 말하면, 저도 상어처럼 육식을 한답니다.

'응? 그런 사람이 비건 요리책을 썼다고?'

지금 그런 생각을 하지 않았나요? 사실 저도 처음 책을 만들자는 제안을 받았을 때, 답답하고 부끄러웠어요. 편집자 선생님은 이렇게 말했지요.

"저도 비건은 아니지만, 조금씩 채식을 늘려 가고 있어요. 저 같은 사람들을 위한 책이 필요해요. 작가님도 그 길을 함께 찾아가 주실 수 있지 않을까요? 우리는 책으로 세상을 바꾸고 싶은 사람들이니까요."

그 말을 듣고 용기를 냈습니다. '반드시 이렇게 해야 한다!'가 아니라, '이 정도는 할 수 있어!'라고 말해 주는 책을 만들자고. 책을 쓰기 위해 공부하는 동안 저는 선우와 함께 많이 배우고 성장했어요. 가끔은 '이걸 왜 이제야 알았지?' 하고 놀랐어요. 무엇보다 거창한 활동만이 환경 보호가 아니라는 사실도 깨달았습니다. '한 끼만 고기 덜 먹기'도 훌륭한 시작일 수 있으니까요. 그런 작은 선택이 모여 큰 변화도 이룰 수 있지요.

여러분이 채식 요리에 도전하며 "어? 이거 생각보다 맛있는데?" 하고 느끼는 순간이 쌓인다면, 우리는 이미 지구를 아끼는 길 위에 함께 서 있는 걸 거예요.

여러분의 주방에서 어떤 멋진 이야기가 탄생할지 기대하며,

샤크

지구를 지키는 멋진 밥상

초판 인쇄 2025년 1월 6일
초판 발행 2026년 1월 22일

지은이 윤은주
그린이 홍윤이
펴낸이 이재일

책임 편집 진원지
디자인 김선미
편집 · 디자인 한귀숙, 김채은, 고은하, 김유진
제작 · 마케팅 강백산, 강지연, 김주희

펴낸곳 토토북
출판등록 2002년 5월 30일 제2002-000172호
주소 04034 서울시 마포구 잔다리로7길 19, 명보빌딩 3층
전화 02-332-6255
팩스 02-6919-2854
홈페이지 www.totobook.com
전자우편 totobooks@hanmail.net
인스타그램 totobook_tam

ISBN 978-89-6496-546-7 73330

제품명: 지구를 지키는 멋진 밥상 | 제조자명: 토토북 | 제조국명: 대한민국 | 전화: 02-332-6255
주소: 서울시 마포구 잔다리로7길 19, 명보빌딩 3층 | 제조일: 2025년 1월 22일 | 사용 연령: 7세 이상
* KC 인증 유형: 공급자 적합성 확인
* KC마크는 이 제품이 공통안전기준에 적합하였음을 의미합니다.

⚠ 주의 모서리가 날카로우니 주의 던지거나 떨어뜨려 다치지 않도록 주의하세요.